I0115458

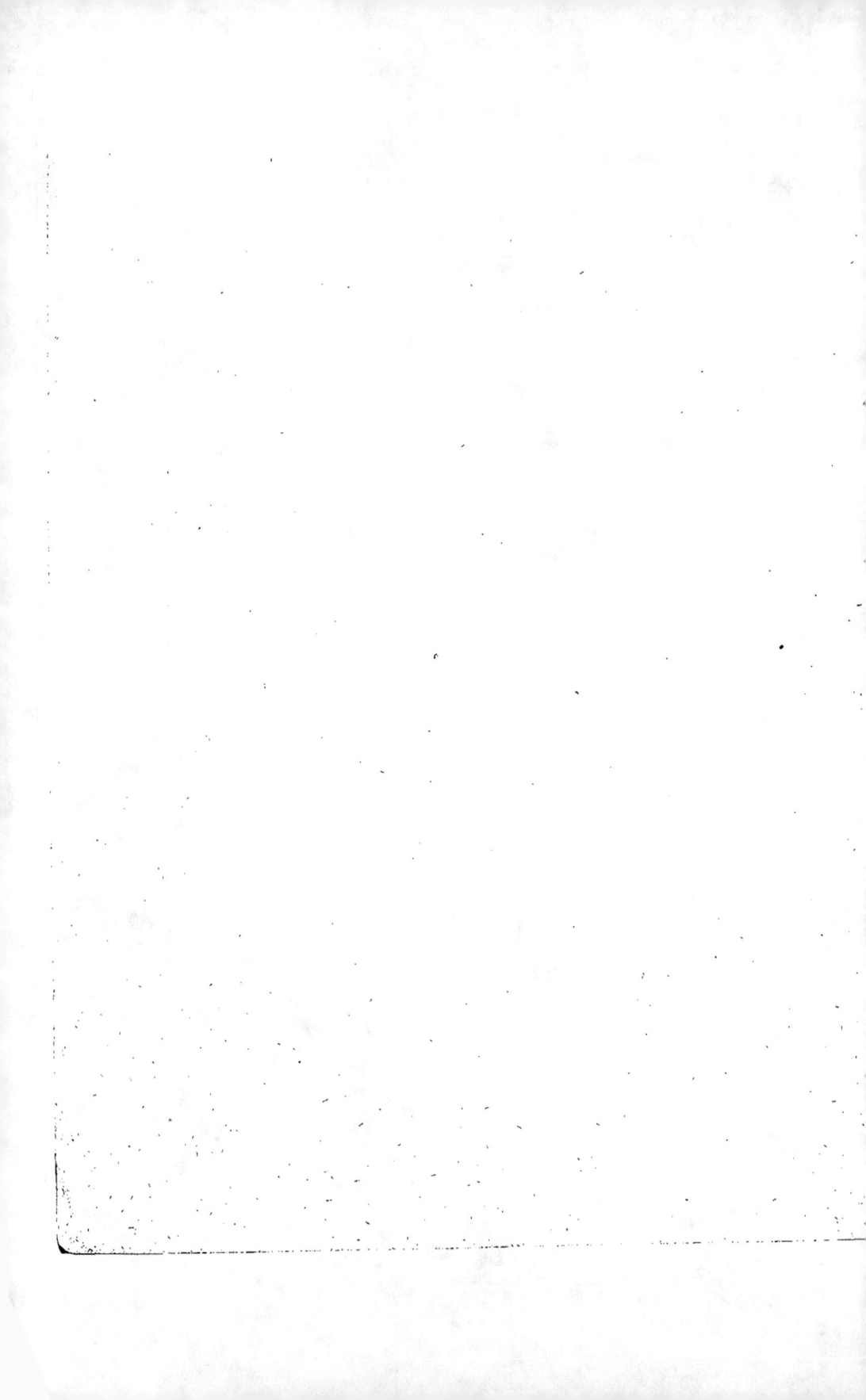

VILLEJUIF

Ce village, assis à l'extrémité d'un plateau auquel il a donné son nom, est éloigné de 3 kilomètres au sud de Paris, de 1,200 mètres du fort de Bicêtre qui le domine, de 1,800 de celui d'Ivry situé au nord-est, de 3,000 de celui de Montrouge au nord-ouest. Il commande lui-même les villages de Choisy-le-Roi et de Thiais à 3,500 mètres plus au sud, et ceux de Chevilly et de l'Hay à 3,900 mètres au sud-est.

Villejuif, abandonné par sa population, qui se réfugia à Paris, avait été occupé par les Prussiens le 22 septembre 1870; mais le lendemain la division Maud'huy, appuyée par le feu des forts, les en chassa, ainsi que de tout le plateau. Deux redoutes y furent établies : l'une sur le versant est, à Villejuif; l'autre sur le versant ouest, aux Hautes-Bruyères.

Le 30 septembre, pendant que les redoutes étaient en construction et que l'ennemi tenait encore les abords du plateau, une forte reconnaissance partit de Villejuif et se dirigea en combattant vers Choisy-le-Roi, dans le but d'y détruire les travaux et les approvisionnements des assiégeants. Pendant ce temps, le général Guilhem, sorti de Montrouge à la tête de sa brigade, se portait sur Chevilly pour attirer sur ce point l'attention des Prussiens. De son côté, le général d'Exéa, parti du fort de Charenton, poussait sur Créteil et canonnait les troupes opposées à la division Maud'huy opérant au centre. Malheureusement, l'ennemi paraissant avoir été prévenu avait eu le temps de concentrer ses troupes, et au moment où sa première ligne pliait, il fit avancer de fortes réserves. Ce que voyant, le général Vinoy, qui commandait en chef, donna l'ordre de la retraite, qui s'opéra en bon ordre. Ce combat, qui fit honneur aux jeunes bataillons de la garde mobile, coûta aux Parisiens la perte du général Guilhem, tué en repoussant l'ennemi au delà de Chevilly enlevé d'assaut.

BIBLIOTHÈQUE NATIONALE — R. F. — ESTAMPES

1871
n° 895
Seine
DÉPÔT LÉGAL

LES FORTS DE MONTROUGE, VANVES ET ISSY

Ces trois forts, qui tirent leurs noms des villages auprès desquels ils sont bâtis, forment avec ceux de Bicêtre et d'Ivry et les redoutes des Hautes-Bruyères et de Villejuif, ce qu'on appelle la ligne du Sud. Les forts de la ligne du Sud sont les plus rapprochés de Paris; dominés par les hauteurs de Châtillon et de Meudon, ils n'ont pu, comme ceux du Nord, empêcher le bombardement de la ville, et leur impuissance a contribué à mieux faire sentir la faute commise en ne fortifiant pas les points culminants de la rive gauche. Situés tous à 1,500 mètres environ de Paris, éloignés l'un de l'autre de 1,800 à 2,000 mètres; placés sous les feux plongeants de Meudon qui est à 3,000 mètres d'Issy, de Châtillon qui est à 2,000 mètres de ce même fort et à 1,800 de celui de Vanves, à 3,000 de celui de Montrouge, ils reçurent, du 5 au 28 janvier, une quantité d'obus énormes qui incendièrent les casernes, traversèrent les revêtements de plusieurs casemates et démantelèrent à peu près le fort d'Issy, qui eut inmanquablement été pris, si le siége se fût prolongé. La perte de cette position eût été très désavantageuse pour les assiégés, car l'enceinte aurait beaucoup souffert, le bombardement aurait pu atteindre dans Paris jusqu'aux quartiers de la rive droite, et les évolutions des chaloupes canonnières parisiennes sur la Seine, qui coule à 1 kilomètre de là, en auraient été beaucoup gênées. Mais probablement on n'aurait pas laissé l'ennemi possesseur d'une pareille position, et l'explosion d'une mine aurait fait descendre le fort dans les vastes carrières sur lesquelles il est bâti. Les forts de Montrouge et de Vanves souffrirent beaucoup moins, et chaque matin l'ennemi voyait les dégâts qu'il avait faits la veille réparés à l'aide de sacs à terre transportés de Paris par les couloirs des catacombes.

Les forts ne se laissèrent d'ailleurs pas démonter sans se défendre; ils envoyèrent une véritable pluie d'obus sur les positions de l'ennemi. Montrouge à tout instant fouillait Bagneux, ou, combinant ses feux avec la redoute des Hautes-Bruyères, bombardait Bourg-la-Reine où les Prussiens s'étaient fortement retranchés. Il prit sa part de tous les combats qui eurent lieu dans la plaine, à Cachan, à Arcueil, à l'Hay. C'est à Montrouge que fut tué le 27 janvier 1871 le lieutenant Edouard Saisset, fils de l'amiral commandant le fort de Noisy, depuis représentant de Paris; c'est à Montrouge que furent essayées les pièces de 7, fondues par l'industrie privée parisienne malgré le comité d'artillerie, et qui ont rendu de si grands services.

Après la révolution communale du 18 mars, les forts du Sud furent occupés par les gardes nationaux fédérés de Paris qui, ayant perdu le plateau de Châtillon, reprirent contre cette position, tenue par les troupes de l'Assemblée nationale, le même feu que pendant le siège.

k 773

LE BOURGET

Ce village n'est autre chose qu'une double ligne de maisons s'étendant de chaque côté de la route de Flandre sur une pente assez rapide, à 5,400 mètres des fortifications de Paris, à 3,000 du fort d'Aubervilliers, au pied duquel passe la route de Flandre, à 2,000 de la redoute de la Courneuve, et à 5,000 de Saint-Denis. Une petite rivière, la *Mollette*, le traverse.

Le Bourget fut occupé sans difficultés par les Prussiens dès leur arrivée sous Paris ; mais ils n'y mirent d'abord que peu de monde. Le 28 octobre, le bataillon des *Francs-tireurs de la Presse* s'en empara. Ce succès enthousiasma Paris ; deux bataillons de *mobiles* de la Seine y prirent position. Le *Journal officiel* publia un rapport du général de Bellemare où celui-ci disait : « J'ai pris le Bourget et je le garderai. » Le 29 une attaque fut repoussée ; mais, le 30 au matin, les défenseurs du Bourget qui avaient vainement demandé du renfort, qu'on avait même laissés pendant deux jours sans vivres, se virent au centre d'un formidable fer à cheval d'artillerie. Ils se défendirent en héros et firent éprouver à l'ennemi de grandes pertes lorsqu'il voulut pénétrer dans le village. Très-peu parvinrent à s'échapper, la plus grande partie furent faits prisonniers ou tués. Parmi ces derniers, le commandant Ernest Baroche du 14e bataillon.

L'affaire du Bourget fut l'une des causes de la tentative révolutionnaire du 31 octobre.

Lors de la sortie ébauchée du 20 décembre, le Bourget fut enlevé à la baïonnette et à la hache par les marins, que les décharges des Prussiens, retranchés derrière des murs crénelés et des barricades formidables, ne purent arrêter dans leur élan. Délogés par un retour offensif de l'ennemi, ils revinrent à la charge et reprirent la position. L'insuccès du mouvement général leur fit envoyer l'ordre de se replier.

Placé à petite portée de la Courneuve, le Bourget fut pendant trois mois l'objectif des feux de cette redoute qui le cribla tellement d'obus, qu'on ne croyait pas qu'il fût occupé.

Pendant la dernière période du siège, les Prussiens avaient établi au Blanc-Mesnil, derrière le Bourget, une batterie qui à son tour battit avec violence la Courneuve et le fort d'Aubervilliers.

PLATEAU DE CHATILLON

Ce plateau, dont l'extrémité Nord qui regarde Paris est à 5,000 mètres de l'enceinte fortifiée, à 2,000 du fort de Vanves, à 2,400 et à 3,500 de ceux de Montrouge et d'Issy, couronne une colline s'élevant par une pente très-rapide du côté de la ville et s'incline presque insensiblement du côté opposé.

En 1840, lors de la construction de l'enceinte et des forts de Paris, on négligea Châtillon, parce que la portée de l'artillerie et la moins grande étendue de la ville n'en faisaient pas alors un danger pour celle-ci. Lorsque éclata la guerre de 1870, la presse parisienne et l'opposition dans la Chambre signalèrent les périls créés par la longueur nouvelle du tir des canons, qui, du plateau, pouvaient foudroyer les quartiers de la rive gauche. Le gouvernement promit d'y faire construire une redoute ; mais le 4 et le 19 septembre arrivèrent sans que les travaux fussent suffisamment avancés. A cette dernière date, les Allemands, cheminant sous bois, attaquèrent la position. Les soldats qui l'occupaient, débris des armées précédemment battues, s'enfuirent sans presque faire usage de leurs armes. Deux bataillons de *mobiles* parisiens, jeunes soldats qui n'avaient jamais vu le feu, arrêtèrent seuls pendant un instant la marche de l'ennemi. Les fuyards passèrent devant un conseil de guerre qui les condamna à mort, peine qui fut commuée, le 26 novembre, en celle de deux années d'emprisonnement.

Les Allemands n'occupèrent que le 20 le plateau et le village de Châtillon, situé au-dessous sur le versant parisien.

Aucune tentative ne fut faite pendant les cinq mois que dura le siège de Paris pour reprendre cette formidable position; mais les forts de Bicêtre, de Montrouge, de Vanves, d'Issy et la redoute des Hautes-Bruyères la couvrirent de leurs feux. Elle ne riposta qu'à partir du 3 janvier, jour où commença le bombardement des forts de la rive gauche. Ce jour-là, les Prussiens firent sauter la Tour-aux-Anglais et démasquèrent leur première batterie.

A partir du 5 janvier, une batterie de canons Krupp dirigea son feu sur la ville et envoya un nombre formidable d'énormes obus sur tous les quartiers de la rive gauche. Des pièces de 7 placées sur les remparts entreprirent de riposter et parvinrent même plusieurs fois à éteindre le feu de l'ennemi. Le 23 janvier, ils firent sauter la poudrière de la batterie de gauche.

Le plateau de Châtillon fut occupé le 2 avril 1871 par les gardes nationaux fédérés de Paris et pris le lendemain par les troupes de l'Assemblée nationale qui y établirent comme les Allemands des batteries battant les forts d'Issy, de Vanves et de Montrouge.

BAGNEUX

Ce charmant village, entouré de bois, lieu de villégiature pour les commerçants et employés parisiens, but de l'excursion dominicale d'un grand nombre de promeneurs, et qui figure dans plusieurs romans de Paul de Kock, ce chantre des environs de Paris, est coquettement assis sur le premier contre-fort du versant est de la colline que couronne le plateau de Châtillon. Au pied s'étend la plaine où sont situés Arcueil et Cachan, et qui se termine de l'autre côté par les hauteurs où se trouvent le fort de Bicêtre, les redoutes des Hautes-Bruyères et de Villejuif. Il est situé à 7,800 mètres de Notre-Dame, à 3,500 de l'enceinte fortifiée de Paris. Non loin à l'ouest coule la Seine qui semblent le commander complètement et devoir en rendre le séjour impossible à toute troupe ennemie.

Bagneux fut occupé sans difficultés le 20 septembre, lendemain du combat de Châtillon, par les Bavarois qui s'y établirent solidement, construisant des barricades qui fermaient toutes les entrées et coupaient de distance en distance toutes les rues. Dans le clocher de l'église fut placé un fusil de rempart dont les balles vinrent maintes fois frapper les sentinelles des lignes avancées parisiennes.

Le 13 octobre, une forte colonne, composée des *mobiles* de la Côte-d'Or et de l'Aube, de six régiments de ligne et de six batteries d'artillerie, effectua une vigoureuse reconnaissance de ce côté. Les *mobiles*, qui voyaient pour la première fois le feu, enlevèrent Bagneux à la baïonnette; le comte de Dampierre, commandant du 1er bataillon de l'Aube, y fut tué. Le but de la reconnaissance étant atteint, le village fut évacué et les Bavarois le réoccupèrent.

Dans la nuit du 29 au 30 décembre, les gardes nationaux volontaires de Montrouge, qui gardaient l'avancée de Cachan, firent une reconnaissance, surprirent les premières barricades et pénétrèrent jusqu'à l'église, au cœur du village. Obligés de se retirer devant des forces supérieures, ils parvinrent pourtant à se maintenir dans la première maison de la grande rue.

Pendant toute la durée du siège, Bagneux fut l'un des objectifs des forts de Montrouge, de Vanves et de Bicêtre: peu de maisons ont été épargnées, l'église notamment porte de nombreuses blessures.

A l'ouest de Bagneux et sur le chemin qui conduit au plateau de Châtillon, les assiégeants avaient établi deux batteries de douze qu'ils démasquèrent le 21 janvier et dont les obus enfilant l'avenue d'Orléans firent un certain nombre de victimes et causèrent des dégâts dans les quartiers de Montrouge et Saint-Jacques.

Pendant la guerre civile qui suivit le siége, Bagneux fut également bombardé par les deux partis qui se le disputèrent.

LA VILLE DE SAINT-DENIS

Saint-Denis, chef-lieu d'arrondissement, ville industrielle de 22,000 âmes, sur le Crould, le Rouillon, le canal de Saint-Denis et le chemin de fer du Nord, est éloigné de 4 kilomètres de l'enceinte fortifiée de Paris. Non loin à l'ouest coule la Seine qui forme en cet endroit le coude terminant la presqu'île de Gennevilliers. Saint-Denis n'est pas fortifié; mais il est entouré par les forts de la *Briche*, au nord-ouest sur la Seine, de la *Double-Couronne* au nord, de l'*Est* au sud-est. Un peu plus loin à l'est se trouve la redoute de la *Cour-Neuve*, commandant la route qui conduit de Saint-Denis à Bondy et se relie à la route de Châlons.

La ville de Saint-Denis, bâtie autour de l'ancienne abbaye fortifiée, fondée par le roi Dagobert vers le milieu du viie siècle, et qui fut depuis cette époque le lieu de sépulture des souverains morts sur le trône, ne figure dans l'histoire qu'à partir du xiiie siècle. Depuis cette époque, les franchises que lui accordèrent les abbés seigneurs de Saint-Denis, la foire du *Landit*, accrurent sa prospérité. Pendant les guerres des cinq derniers siècles, Saint-Denis fut, comme la plupart des petites villes fortifiées environnant Paris, le théâtre d'un grand nombre de combats: Charles-le-Mauvais, roi de Navarre, le pilla après l'avoir enlevé d'assaut; les Anglais et les Français, les Bourguignons et les Armagnacs, les Catholiques et les Protestants, les Ligueurs et les Royalistes, les Frondeurs et les Mazarinistes, le prirent et le reprirent. Dans la plaine qui l'environne furent livrées plusieurs grandes batailles.

Sous la Révolution, Saint-Denis s'appela *la Franciade*; les corps des rois furent exhumés. Depuis cette époque jusqu'en 1870, Saint-Denis a mené la vie calme des petites cités industrielles, visité en outre par les touristes qui venaient admirer sa cathédrale, dernier débris de l'antique abbaye.

Dans le premier moment d'émotion que produisit l'arrivée des Prussiens devant Paris, on les laissa s'établir tout près de Saint-Denis; mais, le 28 septembre, de fortes reconnaissances les obligèrent à se retirer vers Argenteuil au delà de la presqu'île de Gennevilliers. Saint-Denis fut, pendant toute la durée du siège, le quartier général de l'une des armées parisiennes que commandait le général Ducrot. Ce fut de Saint-Denis que furent envoyés les bataillons de *mobiles* de la Seine qu'on laissa ensuite écraser au Bourget; ce fut de Saint-Denis que partit, deux heures trop tard, le général Ducrot pour coopérer à la sortie du 19 janvier dans la direction de Versailles. Le bombardement des forts commença le 1er janvier 1871, et celui de la ville le 13. Sur la Briche se croisaient les feux des batteries de la butte d'Ormesson, d'Epinay, d'Enghien, de Montmorency, de Deuil et de Villetaneuse; sur la Double-Couronne tiraient Deuil, Villetaneuse, la Butte-Pinson et le Pont de la Mollette; le fort de l'Est et la Cour-Neuve étaient battus par le Pont de la Mollette, le Pont Iblon et Blanc-Mesnil. Ces batteries faisaient en outre pleuvoir une grêle d'obus sur la ville dont la population se montra aussi stoïque que celle de Paris. Les forts défendus par les marins ripostèrent avec une violence égale à celle de l'ennemi. Lorsque fut conclu l'armistice, les forts de Saint-Denis étaient en fort bon état et auraient pu tenir longtemps encore.

LE CHATEAU DE BUZENVAL

La chaîne de collines, qui s'étend sur la rive gauche de la Seine, de Brimborion et Sèvres jusqu'à Asnières, et qui n'est que la continuation de celle où se trouvent les hauteurs de Châtillon et de Meudon, s'élève en pente rapide du côté du fleuve, tandis que sur le versant opposé la déclivité est généralement douce, et que de nombreux contreforts mouvementent le paysage. C'est sur l'un de ces contreforts, à égale distance et à l'ouest de Montretout et du mont Valérien, situés eux-mêmes à l'ouest de Paris, qu'est bâti le château de Buzenval. Autour du château, excepté à l'est, s'étend un parc fort vaste entouré de murs. A vol d'oiseau, Buzenval est à 7 kilomètres et demi environ de l'enceinte de Paris.

Le château et le parc de Buzenval, occupés par les Prussiens et formant l'un des points de la ligne d'investissement de Paris, furent, dans la sortie du 19 janvier, le théâtre des plus sanglants et des plus acharnés combats. A huit heures du matin, les troupes formant la colonne du centre, commandées par le général de Bellemare, attaquèrent le parc à l'est. L'enlevèrent d'assaut; puis, continuant leur mouvement, gravirent la pente qui mène au plateau de la Bergerie, qui fut également pris, mais dont la conservation exigea des efforts inouïs et l'engagement vers midi de toutes les réserves. Dans ce combat se signala le 16e régiment de la garde nationale mobilisée. Les Prussiens, poursuivis d'arbres en arbres, plièrent devant l'impétueuse attaque des Pa-

risiens et se réfugièrent derrière un dernier retranchement contre lequel vinrent échouer tous les efforts. Le colonel Langlois, d'un autre régiment de la garde nationale, fut blessé grièvement en essayant de tourner la position; le jeune peintre Regnault, dont les débuts faisaient présager un artiste de premier ordre, trouva la mort dans ce combat. Après s'être fait décimer, et ne voyant pas arriver la colonne de droite qui devait prendre l'ennemi en flanc, les gardes nationaux durent faire retraite.

Pendant que ces combats se livraient, les troupes de la colonne de droite, conduites par le général Ducrot et venues de Saint-Denis, ne parvenaient à entrer en ligne qu'après un retard de deux heures, et par suite de la vigoureuse résistance qu'elles éprouvèrent au sortir de Rueil, n'atteignirent les murs fermant les côtés nord et ouest du parc de Buzenval que vers midi, au moment où les débuts de Bellemare engageait ses réserves de l'autre côté. Ce mur et le château furent emportés à la baïonnette; puis soldats et gardes nationaux s'élancèrent à l'attaque d'un second mur partageant le parc. Mais ce mur, crénelé par les Prussiens, ne put être pris par suite du manque d'artillerie, et à la nuit la retraite dut être ordonnée. L'insuccès du mouvement de ce côté amena celui de toute l'attaque. A la suite de cette bataille, le gouvernement parisien, ne croyant pas possible la prolongation de la défense, engagea les négociations qui aboutirent à la conclusion de l'armistice du 28 janvier et à la paix.

MEUDON

Entouré de bois, coquettement assis sur le versant nord d'une colline que couronne le château, le village de Meudon, partagé en Haut et Bas-Meudon, est un des plus poétiques paysages des environs de Paris. Ce fut dans la cure de Meudon que se retira François Rabelais, l'écrivain gaulois et philosophe du XVIe siècle.

Le village de Meudon fut tour à tour possédé, au XVIe siècle, par Antoine Sanguin, évêque d'Orléans; par sa nièce, la duchesse d'Étampes, maîtresse de François Ier; par le cardinal Charles de Lorraine, de la famille de Guise. Ce cardinal y fit bâtir un château par le célèbre architecte Philibert Delorme. Au XVIIe siècle, Meudon appartint au surintendant des finances Abel de Servien, qui fit construire une terrasse par Mansard et dessiner les jardins par Le Nôtre. Le Dauphin, fils de Louis XIV, devenu seigneur de Meudon après le ministre Louvois, fit élever le château actuel à côté de l'ancien. Ce dernier fut détruit pendant la Révolution par suite des expériences de machines de guerre auxquelles il avait été affecté. Sous Louis-Philippe, le château fut pendant quelque temps la résidence de Don Pédro, ex-empereur du Brésil, et de sa fille Dona Maria. Après 1852, il fut l'un des apanages de Jérôme Bonaparte, puis de son fils le prince Napoléon. Maintenant, ses ruines sont propriété de l'État.

Meudon fut occupé, vers le 20 septembre, par les Prussiens.

Cette position qui, d'après les plans de défense, devait être fortifiée, mais dont la redoute n'était pas plus terminée lorsqu'arriva l'ennemi que celles de Châtillon et de Montretout, dût être, comme les deux autres, abandonnée. Situé à 4,000 mètres de l'enceinte fortifiée, à 2,000 du fort d'Issy, Meudon commande toute une partie de la ligne des fortifications et les quartiers du Point-du-Jour, de Vaugirard et de Grenelle. Le 5 janvier, les Prussiens démasquèrent deux batteries. Pendant vingt-trois jours, les canons de l'une de ces batteries, croisant leurs feux avec ceux de Montretout, battirent les bastions du Point-du-Jour; tandis que les autres écrasaient le fort d'Issy, qui fut presque démantelé. Le Point-du-Jour, le fort, les bastions de Grenelle, où était établie une batterie de pièces de 7, ripostèrent avec énergie et parvinrent, à diverses reprises, à démonter des pièces à l'ennemi. Les deux batteries de Meudon envoyèrent en outre sur la ville de nombreux projectiles qui tuèrent des femmes et des enfants et causèrent de nombreux dégâts.

Le 3 avril 1871, un sanglant combat y fut livré entre Français : la garde nationale parisienne et les troupes de l'Assemblée nationale de Versailles se prirent et se reprirent tour à tour le village et le viaduc du Val-Fleury, sur lequel passe le chemin de fer de Versailles, rive gauche.

1871

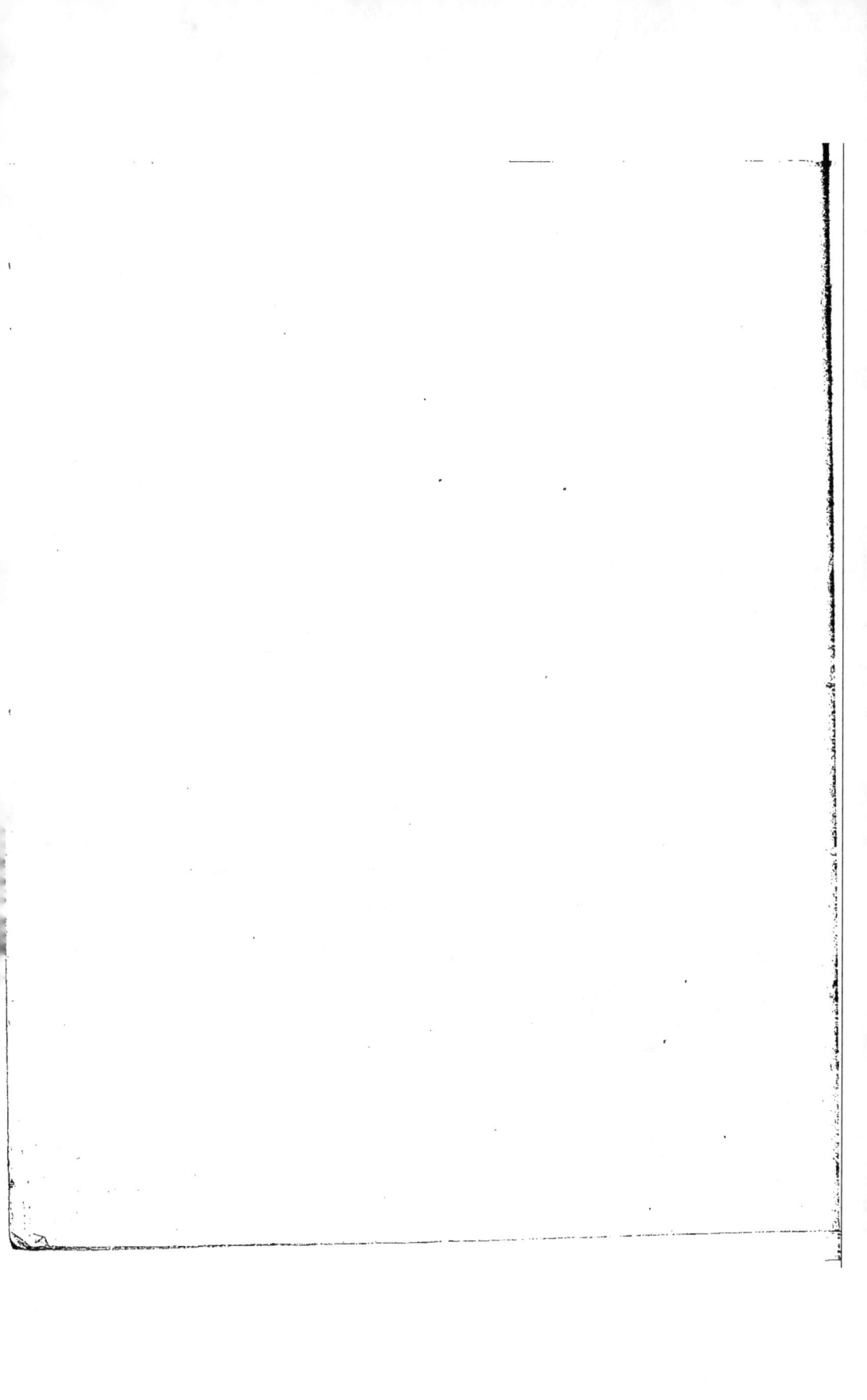

LA MAISON DES MOBILES

Le 19 janvier 1871, au matin, les troupes, commandées par le général Vinoy, s'élançant sur les positions occupées par l'ennemi, enlevèrent Montretout; puis de cette position, qui domine Saint-Cloud, gardes nationaux et soldats de ligne se répandirent dans la ville et poussèrent même jusqu'au château et dans le parc. Pendant ce temps, un bataillon de *mobiles* de la Loire-Inférieure, commandé par M. de Larcinty, suivant la hauteur, prit possession d'une maison située sur le chemin de Versailles à Ville-d'Avray, et s'y retrancha. Lorsque l'ordre de battre en retraite, conséquence de l'insuccès de l'aile droite, fut donnée à l'aile gauche, on oublia les mobiles de la Loire-Inférieure. Ceux-ci, ne sachant rien de ce qui se passait dans les autres parties du champ de bataille, tinrent ferme lorsque se dessina le retour offensif des Allemands. N'ayant rien mangé depuis cinq heures du matin, ils se défendirent pendant toute la nuit et une partie de la journée du lendemain. Ni les obus, trouant la maison et enlevant des pans de muraille, ni les assauts furieux constamment repoussés, ni les pertes qu'ils subirent, ne firent mollir leur résistance.

Ces braves auraient certainement tous péri les armes à la main si l'ennemi ne leur avait envoyé un parlementaire pour leur faire comprendre l'inutilité de leur résistance. Ce ne fut qu'après s'être bien assurés que l'arrivée de tout secours était impossible que les 600 *mobiles* mirent bas les armes. Traités avec les honneurs de la guerre, ils furent conduits à Versailles et de là dirigés sur l'Allemagne.

MONTRETOUT

Le nom de *Montretout* donné à la partie supérieure de la colline sur laquelle est bâti Saint-Cloud, vient, disent les uns, de *Mons restauratus* (Mont restauré), selon les autres, d'une terrasse située autrefois en cet endroit et d'où l'on découvrait tout le pays environnant. A Montretout se trouve la gare de Saint-Cloud, du chemin de fer qui relie Versailles à Paris. Par voie ferrée Montretout-Saint-Cloud est situé à 14 kilomètres de Paris, distance parcourue en un quart d'heure, en ligne directe; il n'est qu'à 4 kilomètres de l'enceinte fortifiée.

Montretout, position importante pour la défense de Paris, par suite de l'énorme portée de l'artillerie actuelle, devait être fortifié ainsi que Châtillon et Meudon ; mais lors de l'arrivée des Prussiens, les travaux de la redoute ne se trouvant pas assez avancés, celle-ci dut être abandonnée. Montretout, placé sous le feu du Mont-Valérien, était d'ailleurs considéré comme intenable pour les assiégeants. L'ennemi en effet ne s'y établit pas en force dès l'abord, et une reconnaissance de *mobiles* bretons put, presque sans coup férir, occuper momentanément la redoute le 2 octobre. Par la suite, les Prussiens, malgré le feu du fort voisin, parvinrent à y construire des batteries de siége.

Montretout a donné son nom à la bataille constituée par les divers combats livrés le 19 janvier, et dans lesquels la garde nationale parisienne montra une bravoure et une solidité au feu dignes de vieilles troupes. Ce jour-là, une armée d'environ 100,000 hommes tenta un effort vigoureux dans la direction de Versailles. Cette armée était divisée en trois colonnes : celle de gauche, placée sous le commandement du général Vinoy, opérait à l'Est et devait s'emparer de la redoute de Montretout, des maisons de Béarn, Pozzo di Borgo, Armengaud et Zimmermann, qui l'environnent ; la colonne du centre, sous les ordres du général de Bellemare, devait se rendre maîtresse de la Malmaison et de la Bergerie; la colonne de droite, conduite par le général Ducrot, était chargée de prendre la Jonchère, le parc et le château de Buzenval.

A huit heures du matin, un régiment de zouaves, les compagnies de guerre des 14e, 16e et 110e bataillons de la garde nationale de Paris, les mobiles de la Vendée et les éclaireurs des Ternes, attaquent Montretout et l'enlèvent à la baïonnette ainsi que les maisons indiquées plus haut. Plusieurs retours offensifs des Prussiens furent repoussés. Malgré les chemins détrempés par les pluies, deux canons furent mis en batterie. Les Parisiens se maintinrent dans la position jusqu'au soir, où l'ordre de se replier leur fut envoyé. Pendant les quelques jours qui s'écoulèrent entre cette bataille et la conclusion de l'armistice, les batteries rétablies par les Prussiens continuèrent à tirer sur le Mont-Valérien sur les bastions du Point-du-Jour et sur Paris.

LA VILLE DE SAINT-CLOUD

Cette petite ville, dont on serait tenté d'attribuer la fondation au voisinage du château national, est en réalité beaucoup plus ancienne que lui. Les historiens la font remonter jusqu'à l'établissement des Romains en Gaule. Elle s'appelait alors *Novigentum*. Son nom actuel lui vient, disent les légendes, de Clodoald, petit-fils de Clovis, qui se réfugia au monastère de Novigentum pour échapper à ses oncles qui voulaient le tuer comme ses frères pour s'emparer du royaume de son père. Le tombeau de saint Clodoald fut pendant tout le Moyen Age un lieu de pèlerinage très-fréquenté. Vers le milieu du XIII° siècle, la sœur du roi saint Louis fonda à Saint-Cloud une abbaye de cordeliers. Pendant les diverses guerres étrangères ou civiles qui désolèrent la France et Paris, Saint-Cloud fut occupé, pris et repris par les Français, les Anglais, les Bourguignons, les Armagnacs, etc. En 1358, *Charles le Mauvais*, roi de Navarre, fit incendier le village et massacrer tous les habitants. Les troupes de Henri III assiégeant Paris, d'où l'avaient chassé les Ligueurs catholiques, y établirent leur quartier général après l'avoir emporté d'assaut (1589). En 1659, le duc d'Orléans, frère de Louis XIV, s'installa dans le château qu'il venait de faire construire. A dater de cette époque, Saint-Cloud devint pour les Parisiens, par suite des fêtes qui s'y donnaient, le but de promenade qu'il a été jusqu'en 1870. Ce fut à Saint-Cloud, où s'étaient installées les deux Assemblées de la République, que Bonaparte fit son coup d'Etat du 18 brumaire. En 1814 les Russes, et en 1815 les Prussiens de Blücher occupèrent Saint-Cloud, où fut signée la capitulation de Paris. Charles X en 1830, avec les débris de son armée, et Louis-Philippe en 1848, s'y retirèrent après avoir été chassés de Paris. Saint-Cloud est placé sur le versant est d'une colline qui s'élève à 2,500 mètres de Paris, sur la rive gauche de la Seine, en face de la ville de Boulogne et du bois du même nom. Le pont de Saint-Cloud, — jadis en bois, — détruit et reconstruit à différentes reprises, paraît exister depuis l'origine de la ville.

Le 20 septembre 1870, les Prussiens poussèrent jusqu'à Saint-Cloud, dont la plupart des habitants s'étaient réfugiés à Paris. Le pont avait été détruit le jour même. Le 24, des batteries établies dans le parc pour commander le cours de la Seine et battre la rive droite, eurent à se défendre contre des canonnières parisiennes. Le mont Valérien, qui domine Saint-Cloud, rendit tout établissement dans la ville et dans le château impossible pour les Prussiens. A différentes reprises les obus y mirent le feu. L'ennemi aida à l'œuvre de destruction et incendia le château et la ville. Les patrouilles des belligérants s'y rencontrèrent plusieurs fois. Le 19 janvier, lors de la dernière sortie de l'armée parisienne, le corps d'armée du général Vinoy occupa la ville et une partie du parc. Après la retraite du gros de l'armée un bataillon de mobiles de la Loire-Inférieure se maintint d'une façon inébranlable pendant toute une journée dans une maison située sur la route de Ville-d'Avray, et ne déposa les armes qu'après avoir épuisé ses munitions et acquis la certitude qu'aucun secours n'était possible.

LE CHATEAU DE SAINT-CLOUD

Ce château, dont il ne reste aujourd'hui que des ruines, a joué pendant les trois derniers siècles un rôle considérable dans l'histoire de la France. Ce fut vers le XV° siècle que les princes de la famille royale commencèrent, ainsi qu'un certain nombre de seigneurs de la cour, à posséder des habitations de plaisance à Saint-Cloud. Henri II y fit construire une maison de style italien. Gondi, des favoris et compatriotes de Catherine de Médicis, en eut une également. Ce fut dans cette maison de Gondi que fut décidé, en 1572, le massacre des protestants qui eut lieu dans la même année, la nuit de la Saint-Barthélemy. Le 1er août 1589 Henri III, assiégeant Paris, y fut assassiné à l'instigation de la duchesse de Montpensier par le cordelier Jacques Clément, qui fut pour cette cause placé par les ligueurs catholiques au nombre des martyrs, et eut son oraison funèbre prononcée par le pape Sixte-Quint.

En 1658, le ministre-cardinal de Mazarin acheta à Saint-Cloud, pour le compte du jeune roi Louis XIV, plusieurs des maisons de plaisance qui y étaient situées et dont celui-ci fit cadeau à son frère le duc d'Orléans. Les plus célèbres architectes et artistes de cette grande époque contribuèrent à transformer ces maisons en l'un des plus beaux palais du monde. Lepautre, Girard, Jules-Hardouin Mansard en furent les architectes. Le Nôtre dessina les jardins et le parc. La dépense s'éleva à la somme énorme pour l'époque de 1,091,740 livres. Ce fut à Saint-Cloud, devenu plus tard Versailles, que le duc d'Orléans épousa cette jeune et belle Henriette d'Angleterre, dont la mort par le poison, en 1679, fut le sujet d'un chef-d'œuvre de Bossuet. En 1671, le duc d'Orléans s'y remaria avec la princesse palatine. Le château fut le théâtre d'orgies inouïes lorsqu'il passa en la possession du fils du premier duc d'Orléans, de ce prince dont le gouvernement a laissé dans l'histoire de France un nom, la *Régence*, synonyme de débauches sans pareilles.

Sous la République, le château, devenu propriété nationale, fut destiné à une école d'architecture; le parc, sur la proposition de Couthon, fut affecté aux *réjouissances du peuple*. Le 19 brumaire an VIII (11 novembre 1800), les deux assemblées de la République, les *Anciens* et les *Cinq-Cents*, s'y installèrent; le général Napoléon Bonaparte, qui avait la veille renversé le Directoire exécutif, s'y présenta. La seconde de ces deux assemblées ayant protesté énergiquement contre l'usurpateur fut dispersée par la force. Devenu Napoléon 1er, Bonaparte fit sa résidence d'été de Saint-Cloud qu'il restaura. Le général prussien Blücher s'y établit en 1815, et y commit des dévastations, se vautrant dans le lit de l'empereur avec ses éperons, transformant le boudoir de l'impératrice en un chenil pour sa meute. Louis XVIII et Charles X habitèrent le château; le dernier de ces rois y signa, le 24 juillet 1830, les fameuses ordonnances qui amenèrent la révolution qui le renversa. Napoléon III fit également sa résidence de Saint-Cloud; ce fut là qu'il se décida à déclarer au roi de Prusse la guerre qui amena son renversement du trône, le siège de Paris et le démembrement de la France. Les Prussiens ayant occupé le château le 20 septembre, et empêchés par les feux du Mont-Valérien de s'y établir, l'incendièrent le 13 octobre 1870.

www.ingramcontent.com/pod-product-compliance
Lightning Source LLC
Chambersburg PA
CBHW060738280326
41933CB00013B/2683